www.tredition.de

AF186337

Heidi Witzig

Alphabet
der Sinne

Lektorat: Dr. Matthias Feldbaum, Augsburg

Verlag und Druck:
tredition GmbH, Halenreie 40–44, 22359 Hamburg

ISBN
Hardcover: 978-3-347-18383-4
Paperback: 978-3-347-18382-7
E-Book: 978-3-347-18381-1

Bibliografische Information der Deutschen Nationalbibliothek: Die Deutsche Nationalbibliothek verzeichnet diese Publikation in der Deutschen Nationalbibliografie; detaillierte bibliografische Daten sind im Internet über http://dnb.d-nb.de abrufbar.

Vorwort

Hallo liebe Leser!

Vor Jahren zeichnete ich – aus einer Laune heraus – die Buchstaben von A–Z so, dass ich kleinere Geschichten darin unterbringen konnte. So konnte ich lieben Freunde ihren jeweiligen Anfangsbuchstaben mit einer kleinen, dazu passenden Geschichte verschenken.

Viele Jahre lagen diese Buchstaben vergessen in einer Schublade. Was daraus wurde, möchte ich Ihnen in diesem Buch vorstellen:

Die Geschichten habe ich für Kinder und erwachsene Menschen gezeichnet und beschrieben. Sie sollen die Augen und Sinne öffnen.

Jeder kann sich seine eigene Geschichte daraus bilden, suchen oder selbst erfinden. Es gibt unzählige Möglichkeiten, darin etwas zu entdecken, zu sehen, zu umschreiben oder zu dichten.

Ich wünsche Ihnen allen eine vergnügte und abwechslungsreiche Unterhaltung.

Herzlichst, Ihre Heidi Witzig

PS: Eine Fortsetzung vom „Alphabet der Sinne" für kleine und große Leute folgt: „Alphabet der Sinne für Fortgeschrittene".

*D*as A ist der Anfang vom Alphabet,

die Glocken läuten zu einem Gebet,

schaut über euch, wie die Sonne lacht,

und Gottes Auge über euch wacht:

Achtsam muss jeder Segler sein,

Jeder Augenblick zählt, du bist allein.

Tiere und Menschen in großer Not,

sind auf der Arche Noah in einem Boot.

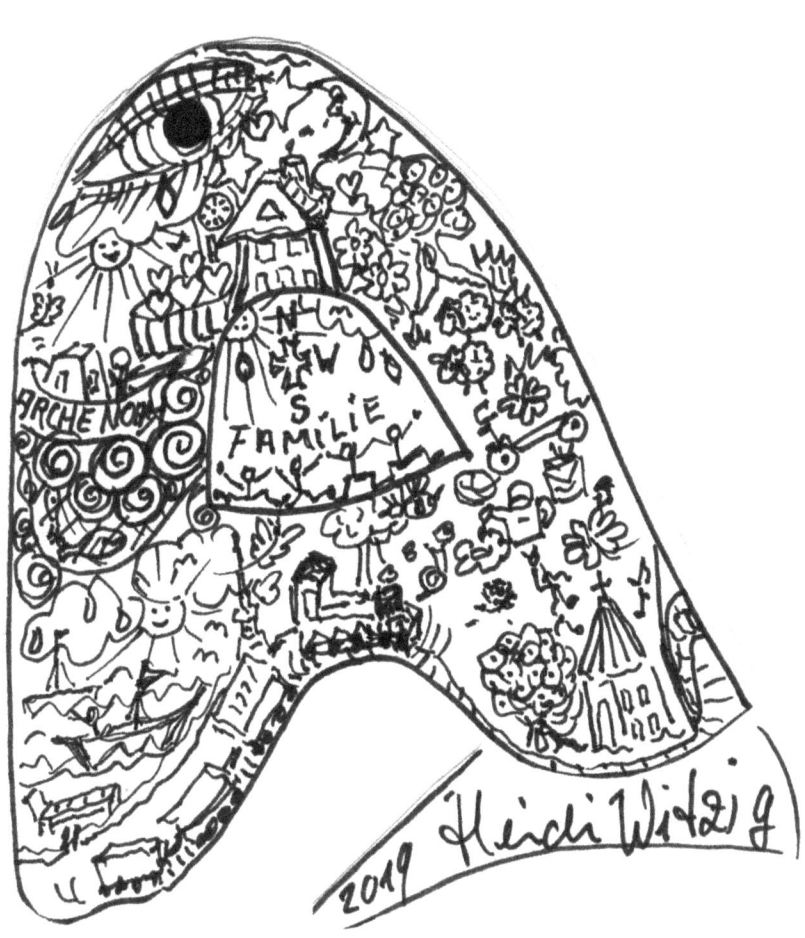

ARCHE NOAH

N
O W
S
FAMILIE

2019 Heidi Witzig

Der Buchstabe B sagt so vieles aus,

über Bücher, die Bibel in Gottes Haus.

Über Bäume und Berge in Wald und Flur,

bunt sind die Blätter, schön ist die Natur.

Bäume sind stark, sie geben uns Kraft,

die Äpfel vom Baum schenken uns den Saft.

Vieles mehr gibt es im Buchstaben B zu sehen:

Sterne, die am Himmel stehen,

Blätter, Wolken noch viel mehr,

und ein Boot allein im Meer.

Viele Sinne könnt ihr wecken,

und dabei noch mehr entdecken.

Sonne, Herzen, Mond und Sterne,

Kleeblatt, Schmetterling in weiter Ferne.

Bravo, alles gut gesehen, was kommt noch?

Wir werden sehen.

Charlie hat etwas entdeckt,

was im C so alles steckt.

Charlie geht allein zum Strand,

hat die Angel in der Hand.

Er hat Glück, ein Fisch beißt an,

Wolkenbruch zeigt Regen an.

Charlie freut sich auf zu Hause,

macht mit Fisch in Bahn die Sause.

Winkt nochmals in aller Ruh,

Menschen und dem Leuchtturm zu.

Draußen an der frischen Luft
kannst du viel entdecken:
Biene sucht den Rosenduft,
will den Nektar schlecken.

Kleiner Mann mit dickem Bauch,
sucht nach seinem Hund.
Puh, dass Auto stinkt und qualmt,
das wird ihm zu bunt.

Hört ihr, wie der Donner kracht,
Blitze zeigen sich bei Nacht.
Wellen schlagen hoch im Meer,
Dampfer kämpft, er hat es schwer.

Dem Delphin bringt das viel Spaß,
er genießt das kühle Nass.
Was ihr heut noch nicht gesehen
wird bestimmt im Duden stehen.

An einem Engel denk ich da,

am Horizont, dem Himmel nah.

Er schaut hinunter auf die Erde,

und sieht die Menschen, klein wie Zwerge.

Ein E-Bike steht sogar am Pfad,

Der Engel denkt: Boah, was ein Rad ...

Er überlegte, dachte helle,

das kauf ich mir für alle Fälle.

Da kam ihm die Erinnerung,

ich habe Flügel, flieg mit Schwung,

schaut, wie der Schmetterling es macht,

das schaff ich auch, wär ja gelacht.

So machten sich die beiden leise

auf den Weg zur großen Reise.

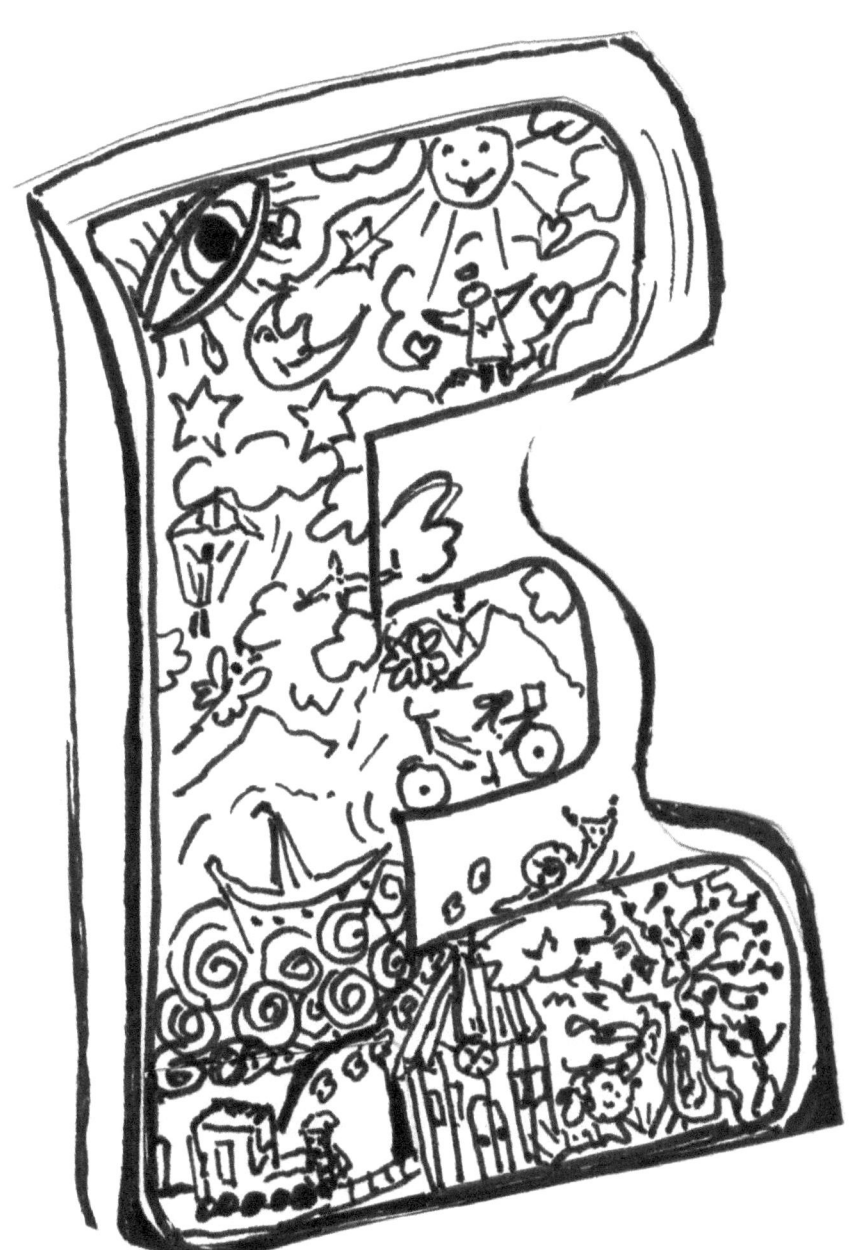

Kommt, lasst uns in die Ferne fliegen,
wir brauchen Urlaub, wollen liegen. Wir
wünschen Sonne, Meer und Strand,
wollen baden, schnell an Land.

Wir möchten Ferien, gute Laune,
Gesellschaftlich, mit Hell und Bräune.
Grillen, Essen, Bier vom Fass,
Freunde haben und viel Spaß.

In einem Zelt, was für ein Glück,
zieht jeder sich zum Schlaf zurück.
Man freut sich auf den nächsten Morgen,
auf Sonnenschein und ohne Sorgen.

Schaut und blickt auf dieses G,

sucht, was wird euch bald erwarten, seht,

die Sonne scheint so schön,

sie blickt in diesen Garten.

Dort gibt es Gänse, Schafe, Klee,

der Glockenklang tut fast schon weh.

Gott schaut uns zu bei Tag und Nacht,

was unser Leben glücklich macht.

Die Tiere haben Lust und Spaß

in einem Garten voller Gras.

Ein Himmelszelt mit Mond und Sternen,

ein Flugzeug düst in weiter Ferne.

Die Jolle schaukelt auf dem See,

oh wie ist das Leben schön!

So wie die Lok, mal hoch mal runter,
geht es den Menschen auch mitunter.
Ich seh ein Tränchen, mal ein Lachen,
der Himmel zeigt uns, was wir machen.

Nach Regen scheint ganz schnell die Sonne,
der Frühling lockt uns voller Wonne,
Herzen, die jetzt höher schlagen.
Wird sich der Geißbock runter wagen?

Doch wer noch mehr im H erkennt,
der sieht, wie eine Schnecke „rennt",
Sie hat ein Ziel, oh weh, oh, weh,
anstrengend wird es bis zum Klee.

Mal hoch mal runter, geradeaus,
erholt sie sich im Schneckenhaus.

Hoch in der Luft ein Drachen steht,
bei starkem Wind, der Schwanz sich dreht.
Damit er sich gut steuern lässt,
hält ihn ein kleiner Junge fest.

Ein Schmetterling wiegt sich im Wind,
dem Drachen zu, das sieht das Kind.

Immer wieder kommt mir die Erinnerung,

an einen Regenbogen, er war so bunt.

Am linken Ende stand viel Geld,

ich war der reichste Mensch, ein Held.

Am rechten Ende wuchs das Glück

Vielleicht kommt ja mein Freund zurück.

Den gibt es nicht für Gut und Geld,

mein Schmetterling fliegt um die Welt.

Plötzlich im Urlaub, unverdrossen,

kam Iris-Schmetterling geschossen,

lässt sich am Sonnenschirm kurz nieder,

als flüstert er, ich komm bald wieder.

Wir haben Träume, noch ganz viele,

ein Engel schützt uns mit viel Liebe.

Was fällt euch zu diesem Buchstaben ein?
Ja hört sich gut an, klingt besser als nein. Ja,
ich will lernen noch Schönes erleben,
neugierig bleiben, auf Reisen gehen.

Ja macht Mut in allen Lebenslagen,
selbst in der Not wirst du alles ertragen.
Ja steht für ein gemeinsames Glück,
schaut immer nach vorn, und nie zurück.

Kühl war die Nacht, grau ist der Morgen,

nur ein Wölkchen am Himmel sorgt etwas für Sorgen.

Die Blätter vom Baum fegt ein Wind leise fort,

sie fliegen und tanzen, bis hinunter zum Ort.

Es ertönen die Glocken aus weiter Ferne,

gemütlich bei Kerzenschein hört man sie gerne.

Der Luftballon bekommt meinen Segen,

er startet, trotz Regen, der Sonne entgegen.

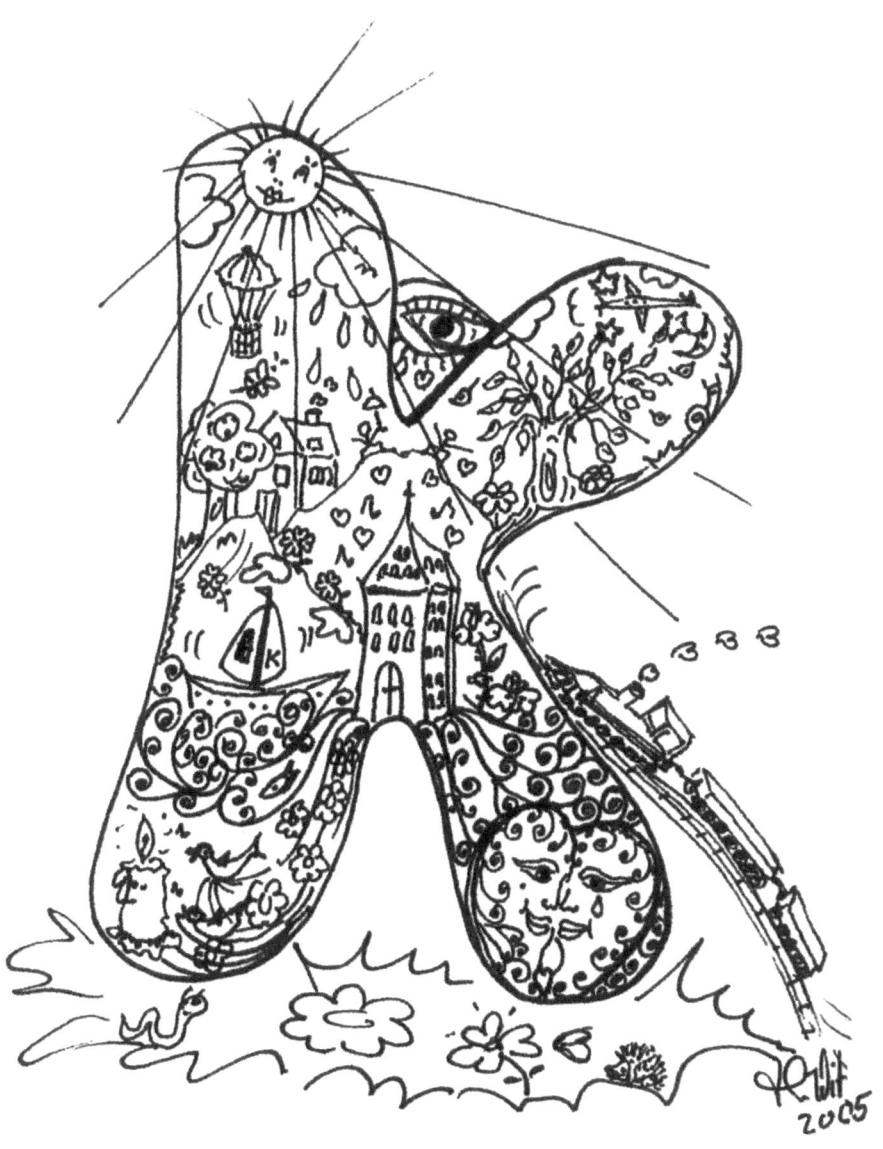

Lebe, Liebe, Lache,

lerne fleißig, mache.

Lach, du wirst zufrieden sein,

verbring den Tag nicht ganz allein.

Liebe, wenn du glücklich bist

und die Zeit dabei vergisst.

Lebe, mach dir keine Sorgen,

denk an heute, nicht an morgen.

Tu, was immer dir gefällt

in der Welt, die dir gefällt.

Mamas Mütter, Muttis: wer kennt sie nicht,

jedes Baby erkennt sie, mit einem Lächeln im Gesicht.

Mamas sind mutig, schön und bequem,

Mütter sind selbstbewusst, stark, souverän

Muttis trösten, sind lieblich, labil,

haben oft Mitleid, zeigen Gefühl.

Doch sind am Ende alle Muttis gleich,

rau in der Schale, im Herzen ganz weich.

Sie sind zum Verlieben, man gibt sie nicht her,

von ihr sich zu trennen, fällt jedem ganz schwer.

Seid liebevoll, pflegt sie, seid für sie bereit,

das ist im Herzen für Mütter die größte Freud.

*N*och NIE stand ich so hoch auf einem Berg.

Ich wollte sehen, ob ich aus dieser Höhe einen Drachen steigen lassen kann. Waghalsig probierte ich es aus, obwohl dort oben ein starker Wind wehte.

In diesem Moment entdeckte ich einen Flugluftballon, der sich in einer Klippe verflogen hatte.

Zwei Menschen entdeckten aus ihrem Korb meinen Drachen und riefen um Hilfe.

Zum Glück, war ein Schiff in der Nähe, mit einem Mann Besetzung. Er hatte auch Spaß an den Drachen und fuhr diese Berge an.

Als er die Hilferufe hörte, konnte er schnell den Rettungsdienst verständigen, sonst wäre lange Zeit keine Hilfe gekommen.

Retter kamen mit einem Flieger und der Notdienst über die Berge.

So wurde mein Drachen zum Lebensretter für ein Pärchen.

Noch nie war ich so glücklich.

*O*h, wie schön, wenn Oma und Opa sich gut
verstehen.

Gerne denke ich an meine Kindheit zurück, wie
gemütlich es bei uns in der Laube (Holzhaus) war.
Meinen Opa hatte ich leider nicht mehr kennengelernt.

Meine Schwester hat mit mir und unserer Oma
Leokardia gerne zusammengesessen.

An kalten Tagen saßen wir mit ihr vor dem
Boller-Kohlenofen, dort erzählte sie uns die tollsten
Geschichten.

Wir hatten Gänse, Kaninchen, Hühner, und einen
bissigen Hahn. Er passte immer sehr auf seine Hühner
auf und wehe, es störte ihm jemand dabei.

Jedes Mal, wenn wir aus der Schule kamen, mussten
wir erst unsere Oma rufen, damit sie den Hahn
verjagte.

Leider mussten unsere Eltern arbeiten gehen.

Vor meiner Oma hatte er Respekt, sie war diejenige, die
eine von seinen Hennen mopste und damit für unsere
Familie am Sonntag ein Suppenhuhn kochte.

Eines Tages war Oma kurz bei einer Nachbarin, so
war keiner da, der den Hahn wegscheuchte. Ich wollte

unbedingt mutig sein und näherte mich dem Gartentor leise, ganz leise. Das Gartentor quietschte, so sehr ich mich auch bemühte, still zu bleiben. Da ich den Hahn noch bei seinen Hühnern vermutete, betrat ich den Garten. Unverhofft wie ein Geschoss flog er auf mich zu und landete auf meinen kleinen Rücken. Er war gewaltig, groß und schwer, als er sein buntes Federkleid ausbreitete. Ich war bestimmt kaum zu sehen. Mit seinem scharfen Schnabel und Fußkrallen hielt er sich krampfhaft in meinem Nacken fest. Ich schrie, so laut ich konnte, um Hilfe und nach meiner Oma.

Gott sei Dank hörte sie mich und kam sogleich um die Ecke gerast, kam auf mich zu, und packte den Hahn an die Gurgel. Meine Oma war sehr klein, doch sie war sehr stark und hatte Erfahrungen, damit umzugehen.

Eines wusste ich, dieser Hahn wird mir niemals mehr weh tun und landet spätestens am kommenden Sonntag im Backofen. Doch vorher musste meine Oma ihn schlachten. Oft war ich neugierig und schaute heimlich hinter der Gardine zu, so auch bei diesem bissigen Hahn, vor dem wir ständig Angst hatten. Ich schlich mich heimlich vor die Tür und erschrak, als unser Hahn plötzlich und kopflos an mir und seinen

Hühner vorbeilief, wäre da nicht die eine Mistgrube in unserem Garten gewesen, in die er schließlich reingefallen ist.

Heute dachte ich an eine Geschichte von dem Seeräuber Klaus Störtebeker.

Dieser sollte für Untaten bestraft werden, wie unser Hahn damals. Er hatte vor seiner Hinrichtung noch einen letzten Wunsch und bekam, um einige seiner Piraten zu retten, eine Chance.

Störtebeker wollte kopflos an seiner Mannschaft entlang gehen, bis ihm die Kraft fehlte. Er war wie unser Hahn: Zäh, verbissen und mutig ...

Wäre da nicht einer gewesen, der ihm frühzeitig ein Beinchen gestellt hätte.

Ein Lachen konnte ich mir bei dieser Geschichte nicht verkneifen.

$\mathcal{P}$ulverschnee im Winter lieben alle Kinder.
Päckchen werden ausgetragen,
sind gestapelt auf dem Wagen.
Malermeister pinselt schön,
mit den Farben, wie wir sehn.

Wie schade, dass es in der heutigen Zeit so wenig
schneit. Für uns als Kinder konnten sich unsere Eltern
keinen neuen Schlitten leisten, aber wir hatte fünf
Onkel, und jeder konnte etwas anderes bauen oder
basteln. Da war Onkel Kurt, er versprach, uns einen
Schlitten zu bauen. Im Krieg hatte er einen halben
Arm verloren, doch er war der beste Handwerker. So
kam er eines Tages und überraschte uns mit einem
großen Schlitten aus Holz mit Kufen aus Eisen. Er
schenkte uns eine Dose Fett dazu, um diese Eisenkufen
einzufetten, damit unser Schlitten der schnellste
bleibt. Alle Kinder hänselten und belächelten uns und
nannten ihn „die blöde Eisenente." Wir waren aber
immer die schnellsten, und unser Onkel Kurt hatte
recht. Anstrengend war nur der Berg, denn da mussten
wir unseren schweren Schlitten alleine hochziehen.
Trotzdem gelang es uns immer wieder, als schnellste
das Ziel zu erreichen. Dafür wurden wir gelobt und
bekamen noch jede Menge Muskeln dazu.

Das Quaken der Frösche kennen wir alle,

doch manchmal möchten wir doch wissen,

worüber sie quatschen, oder?

Wenn wir als Kinder viel geredet haben,

hieß es, wir schnattern wie die Gänse.

Ich finde Enten und Frösche schön,

sogar eine Qualle ist zu sehn.

Leider schaut sie sehr benommen,

wie ist sie vom Meer in den Tümpel gekommen?

Die Schnecke schwimmt auf ein großes Blatt,

sie hat das Gequake und Schnattern so satt.

Der Wurm schaut sich ganz langsam um,

er will sein eigenes Publikum.

Er schaut den Schmetterlingen zu,

und findet endlich seine Ruh.

Libelle schaut zur Qualle hin,

die hat nichts Gutes heut im Sinn,

Ich mach mich lieber aus dem Staub,

bevor ein Frosch mich frisst und klaut.

Ob Norden, Süden, Osten, Westen,
such dir eine Strecke aus,
mit welchen Rädern gehts am besten,
mit welchen bist du schnell zu Haus?

Egal, wo du zu Hause bist,
mit Rollschuh bist du flink.
Vergleich dich nicht mit einer Bahn
und einem Schmetterling.

Nur du allein kennst deine Strecke,
dann schaffst du es in Kürze,
mach es wie die kleine Schnecke,
in der Kürze liegt die Würze.

Mit einem Rad, ganz schön und gut,
da kannst du besser lenken,
mach das, was nur für dich guttut,
die Bahn kannst du dir schenken.

Fahr lieber an der frischen Luft,
mit Rollschuhen, gelassen,
und schnupper lieber Rosenduft,
am Wegesrand und auf den Gassen.

Bienen summen, Blumen blühen,
Würmchen, die vorüberziehen.
Fisch macht sich mit Krebs bekannt,
Achtung, Hühner sind an Land.

Huch, ein Elch, wo kommt der her,
aus Kanada und übers Meer.
Ich sehe ein Schiff hat ihn gebracht,
er hat sich aus dem Staub gemacht.

Mit Rettungsring, nach dieser Strecke,
entdeckte er an Land die Schnecke.
Der Schnecke war das viel zu dumm.
Sie drehte sich ganz einfach um.

Will ruhig hier die Zeit genießen,
auf ihrem Blatt und in den Wiesen.
Sie denkt, bei Regen, Sonnenschein,
habe ich mein Haus, zum Glücklichsein.

Tagein tagaus ein neues Spiel,

alles wiederholt sich, oft und viel.

Doch sind es nur die kleinen Dinge,

Wir schauen in müde Augenringe.

Der Mond scheint traurig auszusehen,

er ist müde, Zeit zum Schlafengehen.

Schluss mit der trüben Grübelei,

die Sonne geht auf, wir sind dabei.

Wir träumen in den Tag hinein,

schön ist das Leben, so soll es sein.

Tag für Tag ein neues Spiel,

Ein Schiff braucht Wasser unterm Kiel.

Ein Schmetterling umkreist die Welt,

diese Welt, die mir gefällt.

Eine Uhr tickt fern und leise,

nimmt uns mit auf jede Reise,

Urlaubszeit, sie kann beginnen,

fröhlich, ausgelassen, singen

Spielen, sehen, sich verstecken,

Sinne in sich neu entdecken.

Einmal um die ganze Welt,

einmal, wie es mir gefällt.

Menschen laufen, wechseln Geld,

Liegen sind schon aufgestellt,

Jeder fährt so gut er kann,

gerne mit der Eisenbahn.

Lange Strände, blaues Meer,

hier komm ich bald wieder her,

freu mich wieder auf zu Hause,

mach vom Urlaub erst mal Pause.

*A*n Veilchen, die am Wegrand stehen,

kann ich nie vorüber gehen.

Mit all den schönen Farben,

die sie jährlich in sich tragen.

In Weiß, Gelb, Blau, Orange, Pink

erscheint auch mancher Schmetterling.

Oh Blütenzeit, verlass uns nicht,

am schönsten sind Vergissmeinnicht.

VERGISS MEIN NICHT, wie weich das klingt,

wenn man beim Abschied ruft und winkt.

Dann denk ich gern und lang zurück,

VERGISSMEINICHT brachte mir Glück.

*J*edes Kind fragt gern, WARUM?

Schön, dann bleibt es auch nicht dumm.

Wäre jeder von uns so schlau,

wüssten wir es sehr genau.

Vieles geht uns auf den Wecker,

statt zu murren, statt zu meckern,

sollten wir das Beste sehn,

schlau zu werden, das ist schön.

Schlau, zu wissen, was man will,

wochenlang bleibt alles still.

Wie ein Wunder, Schritt für Schritt,

kehrte Geist und Sinn zurück.

Jemandem ein X für ein U vormachen
bedeutet, jemanden zu täuschen
Zum Beispiel:
Ein Mann bestellte ein Klavier,
geliefert wird ein Xylophon.
Bis er die Sache dann kapiert,
war das für ihn der glatte Hohn.

Er schaut und dachte, gar nicht schlecht,
Nur diese Rechnung war nicht echt.
Betrug: Bestrafung war der Lohn,
und ich behielt das Xylophon.

Der Hund schaut hoch, hat längst begriffen,
sein Herrchen hat darauf gepfiffen.
Glücklich spielt er wie noch nie,
mit seiner Frau die Symphonie.

Ein Xylophon, mit einem Bass,
das machte einen Heidenspaß.
Ein Engel hat in dieser Nacht,
dem Pärchen noch viel Glück gebracht.

Zu einer Yacht gehört auch ein schöner
Yachthafen.

Dort wird gefeiert, gegessen und auch geschlafen.

Nicht jeder kann sich diesen Luxus leisten,

Drum: Schuster, bleib bei deinen Leisten.

Wir machen Yoga mit Yin und Yang,

genießen die Zeit, minutenlang.

Träumen von unserer eigenen Welt,

malen in Gedanken, wie sie uns gefällt.

YOUTUBE, kann da sehr behilflich sein, Abenteuer

fängt man für euch mit der Kamera ein. Wir

brauchen keine Riesen-Yacht.

Hauptsache, die Sonne lacht.

Es WIRD ZEIT.

Alles was zählt, ist unsere Zeit.

Diese hält viele Momente bereit.

Wir müssen sie nutzen und daran glauben,

nicht mit Unsinn befassen, die dir die Zeit nur rauben.

Um das zu erkennen, bedarf es nicht viel,

der Anfang ist lang, doch der Weg ist das Ziel.

ES WIRD ZEIT:

Zum Zuhören, zu fühlen, zu tasten und denken.

Ab und zu reichlich viel Liebe verschenken.

Zu schmecken, genießen, zu riechen und lachen,

zu erkennen, wahrnehmen, nicht quatschen,

nur machen.

Lasst uns, über unsere Sinne nachdenken,

Gott hat uns geführt, er wird uns auch lenken.

Heidi Witzig wurde 1946 in Berlin-Spandau geboren, verbrachte eine fröhliche und unbeschwerte Kindheit in einer Wohnkolonie, wo alle, zusammen mit der Großmutter, in einer gemütlichen Laube lebten. Mit 17 wurde sie Mutter und musste ihre Friseurlehre vorzeitig beenden. 1963 zog sie mit ihrer kleinen Familie nach Oldenburg und verbrachte die Jahre von 1970 bis 1974 in Fontainebleau, Frankreich.

1995 heiratete sie ihren jetzigen Mann, mit dem sie zeitweise auch in den Niederlanden lebte. Seit 2002 wohnen beide in Mainz-Hechtsheim.

Die Idee für dieses „Buch der Sinne" entstand aus einer Laune heraus. Schon in frühester Kindheit entdeckten die Lehrer ihre Mal- und Zeichentalente, die leider nicht gefördert werden konnten. So entwickelte sich erst im Laufe der Jahre, dass sie dieses

Talent zum Hobby machte. Durch einen Freund, der dieses Talent erkannte, bekam sie die ernstzunehmende Chance, wieder zum Malstift zu greifen.

Seit dieser Zeit konnte sie sich neuen Herausforderungen und Ideen stellen.

Dieses Buch ist für Kinder und Erwachsene. Sie sind aufgefordert, auf die kleinen Dinge zu achten. Jeder sollte sich in einem dieser Buchstaben wiederfinden und seine eigene Geschichte erzählen können. Dazu sind die wichtigsten „sieben Sinne" zu entdecken.

Heidi Witzig

Alphabet der Sinne

für Fortgeschrittene

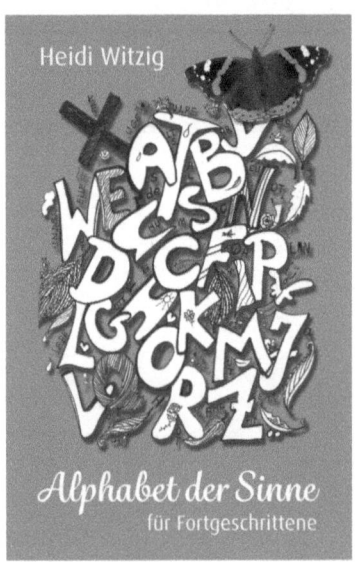

64 Seiten
Hardcover: 978-3-347-18388-9 • 16,99 €
Paperback: 978-3-347-18387-2 • 9,99 €
E-Book: 978-3-347-18389-6 • 4,99 €

Mit »Alphabet der Sinne« erlaubt die Autorin Heidi Witzig wieder einmal sehr persönliche Einblicke in ihre ureigene Gedanken- und Erleb-
niswelt. Mal gereimt und mal erzählend lässt sie den Leser teilhaben daran, welche existenzielle Bedeutung einzelne Buchstaben haben können.
So wird aus dem Alphabet, das wir alle kennen, ein Kunstwerk von Ideen,
Abenteuern und ganz gewöhnlichen Begebenheiten, das in seiner beson-
deren Mischung ein wenig Glanz in einen möglicherweise tristen Alltag
zu bringen vermag.

Heidi Witzig

Der Admiral

Zufälle, die keine sind

180 Seiten
Hardcover: 978-3-347-15847-4 • 14,99 €
Paperback: 978-3-347-15846-7 • 16,99 €
E-Book: 978-3-347-15848-1 • 6,99 €

Unglaubliche Erlebnisse in einer Phase von Trauer und Leid waren der Anlass für dieses Buch.
Ihre besondere Geschichte möglichst vielen Menschen zu erzählen, war schon immer der geheime Wunsch der Autorin.
Alles begann mit einem winzig kleinen Schmetterling, einem Admiral.
Es entwickelte sich eine spannende und aufregende Zeit, mit teilweise unglaublichen Begebenheiten, die die Autorin über den Tod ihrer Mutter und ihrer Tochter hinwegtrösteten.
Dies ist ein Buch, das Kraft geben und Menschen, die Ähnliches erlebt haben, einen Teil ihrer Trauer abnehmen soll.zu bringen vermag.